AF440403

Adolphe PUISSANT.

AUX

BOURGEOIS

Se régénérer ou périr.

PARIS,

LIBRAIRIE GERMER BAILLIÈRE,

17, rue de l'Ecole-de-Médecine.

1872.

Adolphe PUISSANT.

—

AUX

BOURGEOIS

Se régénérer ou périr.

PARIS,

LIBRAIRIE GERMER BAILLIÈRE,

17, rue de l'Ecole-de-Médecine.

—

1872.

AUX BOURGEOIS.

Se régénérer ou périr.

I.

Il y a deux bourgeoisies dans la bourgeoisie ; la première, infiniment peu nombreuse, se préoccupe des destinées sociales ; la seconde, se retranche dans son égoïsme. La première se soucie peu de la seconde, la seconde exècre franchement la première ; mais c'est encore un honneur qu'elle lui fait, car elle professe pour le reste de l'humanité le plus profond mépris.

La bourgeoisie mauvaise, c'est de la seconde catégorie que je parle, est entièrement dépourvue de tout genre de modestie ; parfois, elle se montre plate jusqu'à l'abjection, mais elle ne sait jamais s'humilier sans s'avilir. En revanche, elle est vis-à-vis du peuple d'une insolence poussée jusqu'à la frénésie. Elle est convaincue qu'elle se grandit en reniant ce peuple dont elle est sortie. Son *Credo* se résume en deux mots : l'adoration profonde d'elle-même, l'indifférence plus profonde encore pour ce qui n'est pas elle. Passe encore si elle avait quelques croyances, quelque savoir! Mais elle ne veut croire à rien; elle ne veut rien apprendre; elle s'isole de plus en plus du reste de la société par son scepticisme et son ignorance. Elle élève un mur d'airain entre l'élite de la nation et les masses; elle provoque à la fois l'irritation des gouvernants et des gouvernés; elle les rend odieux l'un à l'autre, et se rend odieuse à tous les deux.

Autrefois, la bourgeoisie était un rempart contre les tyrannies; aujourd'hui, elle les a toutes usurpées. De l'ancien rempart, maintenant démoli, il ne reste plus que le fossé : mais ce fossé s'est élargi, s'est approfondi et s'est fait gouffre. Dans cet abîme, où quelques tempêtes d'en haut ont déjà fait courir plus d'un frémissement sinistre, grouille un peuple de monstres qui s'entre-dévorent les uns les autres. Tôt ou tard, la Providence fera disparaître ce hideux avortement de notre civilisation dans quelque cataclysme.

II.

Comptez-vous bourgeois : du côté du peuple vous êtes un contre dix ; du côté des hommes d'élite, vous êtes cent contre un. Vous vous dites que vous valez bien dix de vos inférieurs, et que vons aurez raison de vos supérieurs par le nombre. Ce raisonnement pourrait être vrai si vous formiez un corps uni et discipliné, mais vous vous détestez les uns les autres. Votre cohésion n'est qu'apparente : vous êtes juxtaposés, vous n'êtes pas unis.

Votre première faiblesse consiste donc dans l'absence de toute discipline. Vous vous ressemblez, mais vous ne vous assemblez pas. Et que feriez-vous en vous assemblant à dix ? Chaque fois que ce rare phénomène s'est produit, il a eu pour effet de créer à chacun de vous neuf ennemis. Aussi ceux qui s'y sont laissés prendre n'ont garde d'y revenir ; ils se retranchent, ils s'enfoncent, ils se barricadent dans leur isolement ; heureux quand ils ne s'y querellent pas avec eux-mêmes !

Est-ce ainsi que vous prétendez gagner du terrain ou vous maintenir sur celui que vos pères vous ont conquis ? Vous exigez du gouvernement qu'il vous protége, et vous lui refusez votre aide ; vous exigez du peuple qu'il vous croie, et vous lui refusez vos conseils ; vous exigez que votre voisin vous estime, et vous le détestez ; vos parents, vos enfants mêmes sont vos plus cruels ennemis.

Dans cette solitude que vous vous créez à plaisir, trouvez-vous quelque dédommagement ? Autrefois, les solitaires qui s'isolaient dans la Thébaïde s'entretenaient avec Dieu. Aujourd'hui, le savant qui s'isole dans son cabinet s'entretient avec le passé, le présent et l'avenir de l'humanité. Ceux-là sortaient de temps en temps de leurs cellules, pour aller réchauffer au feu de leur parole ardente, dans le cœur des masses, les sentiments de l'égalité, de la fraternité et de la charité chrétiennes qui ont affranchi le vieux monde de l'esclavage ; ceux-ci préparent les études qui doivent affranchir les peuples de leur égoïsme et de leur ignorance. — Mais vous?..... Vous exaltez-vous dans le silence pour quelque grand principe? Elaborez-vous dans l'isolement la solution de quelque grand problème? — Non! — A quoi bon dès-lors votre existence? La société qui travaille peut-elle vous considérer autrement que comme des parasites? Ne craignez-vous pas qu'elle se lasse de vous nourrir?

III.

Vous n'avez, il est vrai, aucune crainte définie; mais, chaque jour, une vague terreur vous envahit de plus en plus. Vous sentez que l'heure des crises arrive et vous ne savez que faire, où vous réfugier. Arrachez-vous donc à votre isolement; entendez-vous; jugez-vous les uns les autres avec équité; choisissez-vous des chefs; apprenez à leur obéir, à ne pas consulter votre égoïsme lorsqu'ils vous demandent une subordination, des actes de dévouement et même des sacrifices. A peine serez-vous au niveau du reste de l'humanité, que vous vous apercevrez que vous n'êtes ni si loin du peuple, ni si loin de ceux qui le gouvernent, que le lit où s'enfoncent vos eaux stagnantes est bien autrement profond qu'il n'est large à fleur du sol, et que, pendant qu'il vous faut gravir d'innombrables échelons pour arriver à l'orifice de votre gouffre, le reste de l'humanité, princes de ci, peuples de là, s'entendent fort aisément, et jettent parfois plus d'un pont de l'un à l'autre bord.

Amères sont ces vérités. Mais telles on me les a fait entrevoir, telles je les trace. Je me garderais bien d'y rien changer, sachant l'effet qu'elles ont produit sur moi-même; effet salutaire que je tiens à vous communiquer. J'ai voulu voir ces gouvernants qui pêchent si habilement dans vos eaux, ce peuple qui fait clapoter vos marécages sous des écroulements sinistres; ils m'ont paru moins tyrans et moins sauvages que je n'osais l'espérer. Quelques-uns des nôtres, avant moi sortis du gouffre, m'ont tendu la main; ils m'ont promené à la surface du sol : « Ici, « m'ont-ils dit, il y a de l'air et du soleil; ici l'on respire,

« on vit, on marche, on lutte peut-être, mais on se fortifie
« et l'on grandit; on a des ennemis sans doute, mais on a
« plus d'amis encore; on se met à dix pour poursuivre
« une conquête intellectuelle, on se réunit à mille pour
« entreprendre une conquête matérielle. Quelle joie quand
« on réussit, quelles consolations quand on échoue! Car
« ceux qui triomphent s'exaltent les uns les autres dans
« leur succès, et ceux qui tombent pansent réciproque-
« ment leurs blessures. »

Quelle différence chez vous où l'on cherche à renverser
celui qui s'élève et où l'on assomme celui qui tombe!

Sur ces hauts plateaux où bouillonne le mouvement, où
ruisselle la lumière, s'il est encore quelques bourgeois
soucieux des vertus de leurs pères et de l'avenir que leur
génération nous prépare, c'est là qu'il faut revenir. Aucun
de ceux-là ne s'en repentira. Il lui sera facile de se con-
vaincre que ce n'est pas sur le bourgeois qui se relève,
mais sur le bourgeois qui s'enfonce, que vont s'accumuler
les ruines et les cadavres.

IV.

J'appelle bourgeois de la seconde catégorie tout être humain qui croit que les ressources de l'existence ne concourent qu'à un seul but : le bien-être matériel dans l'inaction.

Bien manger, bien boire, bien dormir, s'habiller *comme il faut*, se moquer du reste : l'être bourgeois ne voit rien au-delà. Tous moyens lui sont bons pour parvenir à cette fin et végéter grassement dans ce fumier. Fi! de l'étude qui nous fatigue et qui contribue à vider la bourse ! Fi! des croyances qui demandent trop d'argent et de sacrifices! Dieu est trop haut, le peuple trop bas pour qu'on s'en soucie. Pas d'effort sans profit immédiat, pas de travail sans salaire, pas de gain à dédaigner. Qu'il suffise d'être en règle avec le code, la police et les gendarmes; tout autre scrupule n'est que niaiserie pure.

Ainsi retranché dans son idéal tangible, le bourgeois se croit d'autant plus sage qu'il est plus égoïste, d'autant plus indépendant qu'il est plus sceptique, d'autant plus savant qu'il est plus indifférent. Vivre en parasite sur l'arbre social, voilà son lot. Sa seule crainte est que l'arbre meure ou qu'on ne l'échenille; le malfaiteur et le bon gouvernant sont ses deux ennemis; qu'on le laisse tranquille sur une proie inerte, mais vivace : il n'en demande pas davantage. C'est pourquoi il veut des gouvernants qui n'y regardent pas de trop près, mais qui puissent faire bonne garde autour de son enclos.

Est-ce là, bourgeois, ton existence, ou n'est-ce qu'un cauchemar? Le tonnerre qui fait trembler ton ciel, les orages qui secouent ton arbre et les insectes qui en rongent les racines, le sommeil de tes gardiens, une brèche dans ton enclos, un cri de menace, un souffle ardent ou glacé, une appréhension instinctive, une ombre, un rien te troublent à chaque instant. Plus tu renies la Providence, plus tu sens qu'elle t'abandonne; plus tu t'isoles de la société, plus tu sens qu'elle te rejette; plus tu cherches à étreindre le peuple, plus tu sens qu'il se dérobe à tes étouffements. Tu voudrais que deux tyrannies t'assurassent la paix : l'ignorance en bas; en haut, la force aveugle et soumise à tes ordres. Voilà toute ta politique; tu la crois bonne, parce qu'elle est toute à ton profit; elle est détestable, parce qu'elle coalise contre toi toutes les puissances qui sont hors de toi, et qu'il n'en est aucune qui ne conspire ton entière destruction.

Mais, si tu veux échapper à cette crise finale, regarde plus haut, plus loin, plus bas. Plus haut, c'est le ciel, c'est Dieu, c'est la foi, c'est la philosophie, c'est l'immortalité de l'être; ce sont les lois supérieures de la morale, du droit, de la justice éternelle lente à venir, mais patiente, parce qu'elle est éternelle. Plus loin, c'est l'étranger qui convoite tes biens, qui veut t'arracher la proie dont tu te nourris: tu l'as vu déjà au commencement de ce siècle poser le pied sur ton sol; tu l'as vu hier t'en arracher des lambeaux : sa griffe t'étreint encore, elle te menace, et tu fais le mort, ne sachant comment l'éviter. Plus bas, c'est le peuple qui ne vient pas à ton secours, parce que tu n'es pas venu à son aide, parce que tu t'es fait une patrie qui n'est point la sienne; le peuple qui s'apprête à te combattre, parce qu'il ne voit son salut que dans ton anéantissement.

L'heure est arrivée de t'arracher à ton égoïsme. Le feu est à ta maison, il faut lui faire sa part, quitter ton lit et sauver le reste. Il faut te rendre compte de la gravité de la situation; il faut chercher des secours; il faut les savoir employer.

V.

Allons ! à l'œuvre aujourd'hui même ; demain, il sera trop tard. Quand tout s'écroule autour de toi, souviens-toi que tu as une intelligence et une âme, une conscience et des devoirs, une patrie et une famille ; que ces choses ne sont pas de vains mots, mais l'essence même de la vie de l'être social ; qu'il faut leur accorder sa foi, les pénétrer de son intelligence, leur consacrer son activité toute entière. Si tu persistes à isoler ta cause de celle des gouvernants et des gouvernés, si tu crois faire partie d'une caste privilégiée à qui l'on doit tout et qui ne doit rien, prends garde que cette caste ne soit rejetée de la société, et qu'après avoir voulu tout prendre, elle ne soit en fin de compte dépouillée de tout.

N'entends-tu pas cette vérité éternelle : *Celui qui ne travaille pas n'est pas digne de vivre*, retentir au-dessus de toi comme un avertissement, au-dessous de toi comme une menace? En haut, tout se dit à demi-mot; en bas, tout se crie à pleins poumons. Ultimatums diplomatiques ou mises en demeure populaires se joignent à la voix de ta conscience. Il faut agir ; il faut vivre de la vie du citoyen ; il faut travailler. Les gouvernants meurent à la peine sous leur harnais empanaché ; les gouvernés meurent à la peine sous leur harnais de misère ; toi seul voudrais exister sans soucis, traverser la carrière sans fatigue, mourir sans avoir rien fait.

Nos ancêtres de la bourgeoisie ne reniaient aucune de leurs responsabilités ; ils possédaient la substance des trois grandes vertus dont nous n'avons plus que l'étiquette :

Ils avaient la foi qui les rendait libres, leur donnait la

force de mépriser tous les despotismes et de goûter une joie divine au sein des plus cruelles tortures;

Ils avaient l'espérance dans la vie future qui les reliait dans un sentiment commun d'égalité; car, pleins d'un espoir sublime, ils se disaient que la richesse ou la misère ne sont que des accidents, qu'une même balance péserait le riche et le pauvre, le puissant et le faible, le privilégié et le déshérité. — « Voyez, disaient-ils, nus nous venons au monde, nus nous en sortons. » Plus ils restaient nus dans la vie, plus ils se croyaient grands: moins ils s'estimaient éloignés de la route frayée ici-bas entre le berceau et la tombe, dans cet accident de l'éternité qu'on appelle l'existence humaine. La vie, pour eux, n'était qu'une occasion de faire preuve de courage;

Ils avaient la charité qui leur faisait considérer le plus misérable des hommes, lorsqu'il savait supporter sa misère, comme le plus proche parent de Dieu. N'était-ce pas la fraternité poussée à ses dernières limites, que de trouver Dieu plus vivant dans l'infortune et les malheurs que sous la pourpre et la couronne?

Les bourgeois d'alors, faisons-y bien attention, étaient à la féodalité, ce que les ouvriers intelligents sont à la bourgeoisie d'aujourd'hui. Le peuple les aimait, se dévouait à eux, voyait son propre salut dans leur triomphe, ne songeant pas qu'un jour les fils de ces mêmes bourgeois, au lieu de renverser la féodalité, la morcelleraient à leur profit.

VI.

Les trois grands ressorts de l'ancienne bourgeoisie : la foi, l'espérance, la charité sont toujours les trois grands ressorts de la société moderne ; la seule différence est que nos ancêtres n'en avaient que l'instinct, et que nous en devons posséder la science. Notre foi doit être plus éclairée et plus pure, notre espérance plus certaine, notre charité plus intelligente et plus active. Une aristocratie nouvelle s'est levée, qui n'a d'autres titres que ses capacités intellectuelles ; car les trois plus sûrs moyens de parvenir aujourd'hui sont l'enseignement, le travail et l'éducation morale. S'il est encore une autre aristocratie que celle-là, bourgeois, c'est votre faute ; le peuple, voyant que vous n'êtes bons à rien, est tout disposé à croire que vos supérieurs de naissance ou d'occasion sont bons à quelque chose. Au moins les trouve-t-il quelque part : les anciens nobles dans les temples, les notabilités modernes dans les ateliers et dans les écoles.

Mais vous, où vous trouverait-il ? Il ne saurait, puisque vous ne savez le plus souvent où vous trouver vous-mêmes. Il y a cependant un lieu de réunions où votre place est naturellement marquée ; partout où vous êtes dix, et où, par conséquent, il y a cent hommes du peuple, il devrait y avoir une bibliothèque, des conférences, un enseignement mutuel. L'homme du peuple ne peut consacrer son temps à l'étude, et vous pouvez l'y consacrer presque tout entier. « La belle affaire ! allez-vous dire : décrasser des intelligences rustiques ! A quoi bon tant de peines ? Quel bénéfice en retirerons-nous ? Quels avantages en retireront-elles ? »

Eh ! voilà justement ce qui fait votre crime ; car ces intelligences, vous ne les dédaignez pas lorsqu'elles mettent leurs bras à votre service. « Nous les payons, dites-vous. — Sans doute, et le moins possible, et vous ne vous contentez pas de leurs services mécaniques : vous voulez qu'elles vous comprennent, vous réclamez leur reconnaissance. » N'est-ce pas avouer qu'elles ont comme vous une tête pensante et un cœur passionné ? La destinée vous en a fait les tuteurs, plutôt que les maîtres. Vous avez des devoirs à remplir envers eux. Il n'y a pas lieu de discuter s'il y a opportunité à faire son devoir, car le devoir s'impose et ne se discute pas.

VII.

Mais, j'entends dire de toutes parts : « L'expérience est
« faite ; plus d'un bourgeois, plus d'un fils de bourgeois
« a entrepris cette tâche que vous préconisez, et les
« résultats ont été déplorables. On les a vus ces Don Qui-
« chotte assembler les Sancho Pança par douzaines, les
« endoctriner et les tenir bouche béante devant leurs élu-
« cubrations. — J'entends même un finaud, qui n'a pas
« oublié son Horace, me décocher malignement le

« .... Mutato nomine, de te
« Fabula narratur. »

« Les voilà partis, ces redresseurs de la société, enfour-
« chés sur leur science plus maigre que la fameuse
« Rossinante, chercher les horions des muletiers et se
« faire désarçonner par quelque bachelier du coin. Quand
« ils se relèvent fourbus, c'est pour flatter les passions des
« masses et pêcher en eau trouble quelque grasse siné-
« cure. Ainsi se sont formés tous les agents de nos révo-
« lutions. » — Eh ! bien, si ce fait s'est produit, si même
il s'est trop fréquemment reproduit, n'en accusez que vous,
ô bourgeois ! Contre chaque intrigant sorti de vos rangs,
il fallait susciter des hommes instruits et dévoués ; il fallait engager une lutte sérieuse, prendre parti pour ou
contre ; et, du choc de la mêlée, faire jaillir la lumière.
Le peuple eût dit alors : « Ils croient à quelque chose, ils
« vivent, ils agissent, ils combattent. Pendant que nous pei-
« nons pour gagner notre pain de chaque jour, ils peinent
« pour conquérir chacun une part de science et de vérité.

« Ils travaillent à leur manière, et nous à la nôtre; mais,
« enfin, ils travaillent comme nous. » Peut-être ne vous
eût-il pas compris d'abord; mais il vous aurait estimé
d'instinct. Il vous aurait ouvert ses entrailles de père
nourricier; il aurait acclamé les vainqueurs que vous
auriez proclamés; il leur aurait tout donné, ses bras, son
sang, sa tête, son cœur, sa chair et ses os, car il ne
marchande pas ses dévouements. L'histoire fourmille de
ces exemples d'entrainement exercé sur les masses.

Le peuple se dévoue non pas à ce qu'il croit sage, mais
à ce qu'il trouve d'énergique et de passionné; il court à
ceux qui vivent et qui luttent comme lui; il hait la torpeur; il dirait volontiers comme ce philosophe : « *J'aime
mieux celui qui fait du mal que celui qui ne fait rien.* »
En ce sens, il est peut-être plus près de Dieu et de l'éternelle vérité; car les souffrances, dans l'ordre éternel, sont
autant de leçons et d'épreuves; tout ce qui vit doit agir,
et rien n'est plus hostile à la vie que l'inaction qui nous
conduit au néant : « *Être ou ne pas être,* » a dit Shakes-
peare; et cette banale antithèse ne cesse de retentir à nos
oreilles, de remuer nos ressorts les plus secrets, de signa-
ler une loi vitale et fatale. *Être ou ne pas être, voilà toute
la question.* Et vous semblez ne pas vous en douter.

VIII.

Puisque vous craignez toutes ces activités pernicieuses qui ne peuvent engendrer que des maux, substituez-leur des manières d'agir qui soient profitables à la société entière. Vous ne pouvez empêcher que le monde fermente : mais au lieu de le laisser à ces ferments mauvais qui ne produisent que des explosions, introduisez des ferments qui aient une action salubre. C'est le ferment qui donne la vie ou la mort à tous les germes ; c'est le ferment qui produit le pain et les poisons ; c'est le ferment qui fait les héros et les criminels. Votre rôle est d'être le ferment salubre ; votre abstention laisse agir tous les ferments délétères.

Croyez-vous, parce que vous aurez cherché à étouffer tout ferment de votre fait, que vous aurez enlevé tout prétexte de fermentation ? Si vous n'ouvrez pas des écoles, où les passions généreuses soient sollicitées, vous verrez s'ouvrir autant d'écoles où seront remuées les passions perverses. Il faut faire ou laisser faire ; il faut faire le bien ou laisser faire le mal. Ce que vous ferez, peut vous être profitable ; ce que vous ne ferez pas, vous sera certainement nuisible. L'alternative n'est pas douteuse. A tout homme, il faut une lumière quelconque : du soleil ou du feu.

L'occasion n'a jamais été si pressante. L'ancienne société s'est effondrée ; la patrie est agonisante ; la situation est critique ; la société réclame de tous ses membres un effort suprême. Il faut nous sauver tous ensemble, ou périr tous ensemble. Petits ou grands, quelle que soit notre condition, nous sentons aujourd'hui que nous sommes solidaires ;

que chacun de nous se ressent des coups qui frappent la masse entière. Le malheur nous impose cette solidarité cruelle, il ne tient qu'à nous d'y trouver notre bonheur, notre salut et notre gloire.

Quelques-uns d'entre vous n'ont pas craint de dire qu'il leur importait peu d'être Allemands ou Français. Mais savent-ils que l'Allemagne est travaillée des mêmes passions que la France? Que ces passions y sont plus brutales? Qu'en restant Français, ils peuvent réagir contre elles? Qu'en tombant sous le pouvoir de l'étranger, ils n'en pourront être que les tristes jouets?

Encore une fois, bourgeois, sortez de votre torpeur. Donnez tout ce que vous pouvez donner, votre dévouement et votre science. Apprenez à vous faire estimer, et vous ne tarderez pas à vous faire aimer. Voilà bientôt dix ans que l'élite de notre société vous adresse des appels infructueux pour propager l'instruction et relever le niveau moral des masses. Partout où vous aurez ouvert une bibliothèque et des conférences, partout où vous aurez apporté quelque chose de votre temps et de vos lumières, il vous sera fait grâce d'une quantité équivalente de votre argent et de votre sang; car, chacun de ceux que vous aurez faits meilleurs et plus instruits, produira de nouvelles richesses pour la patrie commune, et se jettera de lui-même en avant des coups que l'on s'apprête à vous porter.

<hr>

IMP. E. LAFFINEUR.

LIBRAIRIE GERMER BAILLIÈRE.

Adolphe Puissant. — *De l'Economie domestique et de l'Education dans les Classes ouvrières.* Broch. in-8. Prix : 0 fr. 50

Blanchard. — *Les Métamorphoses, les Mœurs et les Instincts des Insectes,* par M. Emile Blanchard, de l'Institut, professeur au Muséum d'histoire naturelle. 1868, 1 magnifique volume in-8 jésus, avec 160 figures intercalées dans le texte et 40 planches hors texte. Broché : 30 fr.

Relié en demi-maroquin. 35 fr.

Gustave-Germer Baillière. — Traduction française du *Traité pratique de Médecine légale,* de J.-L. Casper, professeur de médecine légale de la Faculté de médecine de Berlin. 1862, 2 vol. in-8. 15 fr.

— Atlas colorié se vendant séparément. 12 fr.

Jules Barni. — *Histoire des idées morales et politiques en France au XVIIIe siècle.* 2 volumes. 7 fr.

Auguste Laugel. — *Les Etats-Unis pendant la guerre (1861-1865).* Souvenirs personnels. 1 volume. 3 fr. 50

De Rochau. — *Histoire de la Restauration,* traduit de l'allemand par M. Rosenwald. 1 volume. 3 fr. 50

Hillebrand. — *La Prusse contemporaine et ses institutions.* 1 vol. 3 fr. 50

Eug. Véron. — *Histoire de la Prusse depuis la mort de Frédéric II jusqu'à la bataille de Sadowa.* 1867, 1 volume in-18 de la Bibliothèque d'histoire contemporaine. 3 fr. 50

Thackeray. — *Les quatre Georges,* traduit de l'anglais, par M. Lefoyer, précédé d'une Préface par M. Prévost-Paradol. 1 volume, 3 fr. 50

Bagehot. — *La Constitution anglaise,* trad. de l'anglais. 1 vol. 3 fr. 50

Emile Montegut. — *Les Pays-Bas.* Impressions de voyage et d'art. 1 volume. 3 fr. 50

Emile Beaussire. — *La Guerre étrangère et la Guerre civile.* 1 vol. 3 fr. 50

Lubbock. — *L'Homme avant l'histoire,* étudié d'après les monuments et les costumes retrouvés dans les différents pays de l'Europe, suivis d'une description comparée des mœurs des sauvages modernes, traduit de l'anglais par M. Ed. Barbier, avec 156 figures intercalées dans le texte. 1867, 1 beau volume in-8, broché. 15 fr.

Relié. 18 fr.

Taxile Delord. — *Histoire du second Empire,* 1848-1870 :
1869. Tome Ier, 1 fort volume in-8 de 760 pages. 7 fr.
1870. Tome II, 1 fort volume in-8. 7 fr.